Pietro Archiati

Das Denken
als Weg zum Glück

Natur- und Geisteswissenschaft im Gespräch

2. Auflage 2011 (11. - 20. Tausend)

Herausgeber: Archiati Verlag e. K. (Monika Grimm), Bad Liebenzell
Korrektorat: Dr. Gerhard Hüttig, Schwanewede
Druck: Memminger MedienCentrum, Memmingen

ISBN: 978-3-86772-203-2

Archiati Verlag
Burghaldenweg 37 · D-75378 Bad Liebenzell
Telefon: (07052) 935284 · Telefax: (07052) 934809
anfrage@archiati-verlag.de · www.archiati-verlag.de

Inhaltsübersicht

Das Denken als Weg zum Glück

Was macht das Gehirn eines Menschen, wenn er «Dreieck» denkt oder «Freude» erlebt? Die Zahl der Naturwissenschaftler, die auf die entscheidende Rolle der neuronalen Strukturen und Vorgänge beim Hervorbringen von Gedanken und Gefühlen hinweisen, nimmt heute zu. Man braucht nur eine Zeitung aufzuschlagen, etwa die FAZ vom 8. Januar 2004, wo man lesen kann: «Wolf Singer, Direktor am Max-Planck-Institut für Hirnforschung in Frankfurt, macht Mut zu einem neuen Naturalismus. Er verabschiedet den Ballast von Scheinproblemen, den die Geisteswissenschaften durch die Geschichte schleppen. Gegenüber der weitverbreiteten Illusion von Freiheit und Verantwortung hält Singer fest: All unser Denken und Tun ist mit dem Ablauf neuronaler Prozesse zu erklären, die sich nach dem Muster einer ausgeglichenen Haushaltsbilanz selbst organisieren.»

Nicht wenige Naturwissenschaftler gehen davon aus, dasjenige, was sinnlich wahrgenommen werden kann, sei der Urheber von allem, was nicht sinnlich wahrnehmbar ist. Allem, was geschieht, liege eine Ursache zugrunde, und diese Ursache müsse, um wissenschaftlich nachweisbar zu sein, genauso sinnlich wahrnehmbar sein. Das Denken oder das Bewusstsein gelten in einer solchen Weltsicht nicht als selbstständige Wirklichkeiten, sondern werden lediglich als Funktionen neuronaler Vorgänge im Gehirn angesehen. Dieser Ausgangspunkt, von dem vieles Weitere in der heutigen Naturwissenschaft abhängt, bedarf einer näheren Untersuchung. Die zugrunde liegende Annahme, dass allein das Physisch-Materielle eine ursprüngliche Wirklichkeit darstelle, alles Unsichtbare hingegen nur abgeleitete Phänomene seien, darf nicht unhinterfragt bleiben.

Eine Bedingung:
keine Ursache

Es mag sein, dass ohne Gehirn kein Denken hervorgebracht werden kann. Es mag auch sein, dass im Fall eines beschädigten Gehirns ein verworrenes Denken zutage tritt. Damit ist aber noch nicht bewiesen, dass das Gehirn die Ursache, der Urheber des Denkens ist, genauso wenig wie man beweisen kann, dass ein zerbrochener Spiegel die Ursache des Gesichtes ist, das er verzerrt wiedergibt. Der Spiegel mag der Urheber *der Verzerrung* des Gesichtsbildes sein, kann aber nicht das Bild selbst hervorbringen. Der Urheber des Gesichtsbildes ist und bleibt der Mensch, der sich spiegelt. Allzu oft wird in der heutigen Wissenschaft der verhängnisvolle Denkirrtum begangen, notwendige Bedingung und Ursache miteinander zu verwechseln oder gleichzusetzen. Man macht es sich viel zu einfach, wenn man folgert: Ohne Gehirn kein Denken, also ist das Gehirn der Urheber, die Ursache des Denkens. Das ist genauso vernünftig gefolgert, als wenn man behaupten würde: Ohne Klavier keine Klaviermusik, also ist das Klavier der Urheber der Klaviermusik – und nicht der Pianist! Eine Ursache bringt *notwendigerweise* ihre Wirkung hervor, oder sie ist keine Ursache. Wenn das Klavier die Ursache der Klaviermusik wäre, müsste es von sich aus die Musik hervorbringen. Wenn das Gehirn Ursache des Denkens wäre, müsste es auch während des Schlafes das Denken hervorbringen. Warum hört der Mensch beim Einschlafen auf zu denken?

Natürlich gibt es neben der Ursache oft auch notwendige Bedingungen, die als «Mitursachen» bezeichnet werden können. Nur ist die Unterscheidung zwischen einer Ursache und einer notwendigen Bedingung gerade die wichtigste, die es gibt. Zwar stimmt es, dass eine Ursache nicht wirksam werden kann, wenn auch nur eine der notwendigen Bedingungen fehlt. Umgekehrt stimmt es nicht weniger, dass gar nichts geschieht, also keine Wirkung erfolgt, wenn alle notwendigen Bedingungen erfüllt sind, aber die Ursache fehlt. Auto und Benzin sind zwei notwendige Bedingungen für das Autofahren, denn ohne Auto und ohne Benzin kann keine Autofahrt stattfinden. Aber nehmen wir an, Auto und Benzin sind gegeben: Wenn sie nicht nur notwendige Bedingungen wären, sondern auch die Ursache des Autofahrens, müssten sie das Fahren *notwendigerweise* hervorbringen. Das tun sie aber nicht: Ursache des Autofahrens ist der Mensch – genauer besehen, der Willensentschluss dieses Autofahrers, jetzt Auto zu fahren. Auto und Benzin sind und bleiben notwendige Bedingungen, sie haben gerade deshalb mit der eigentlichen Ursache nichts zu tun.

Sollte jemand einwenden, dass der Mensch wie eine Maschine funktioniert, einem Auto vergleichbar, so kann man ihn darauf hinweisen, dass die zwei «Maschinen» – Mensch und Auto – gerade in der allerwichtigsten Hinsicht nicht nur nicht vergleichbar sind, sondern sich entgegengesetzt verhalten: Die eine «Maschine», der Mensch, bewegt sich von selbst und im eigenen Sinne, die andere Maschine, das Auto, wird sich niemals aus eigenem Antrieb heraus und auf ein eigenes Ziel hin bewegen können. Der Mensch ist so gesehen das Gegenteil einer Maschine, der vollständige Gegensatz zu ihr.

Eine Summe von Teilen: noch kein Ganzes

Aus der Entscheidung, dem Denken oder dem «Geist» keine eigenständige Wirklichkeit oder Wirksamkeit zuzuschreiben, folgt eine andere wichtige Annahme: Im Kräfteverhältnis zwischen Denken und Gehirn, zwischen Geist und Körper kann sich der eine Mensch nicht allzu sehr von einem anderen unterscheiden. Wenn alles Seelisch-Geistige bei *allen* Menschen *gleichermaßen restlos* eine Folge dessen ist, was im Körper, in der Welt der Gene, vor sich geht, dann hat es keinen Sinn, von Differenzierung oder Individualisierung bei den Menschen zu reden. Die «Gleichheit» der Menschen liegt nach dieser Auffassung darin begründet, dass sie alle gleich auf uneingeschränkte Weise von Naturgesetzen und -kräften bestimmt werden. Nur unter der Voraussetzung, dass Geist und Materie *zwei* verschiedene, wenngleich ineinander wirkende Seinsweisen darstellen, kann man von möglichen Unterschieden im Anteil der einen und der anderen Wirklichkeit bei verschiedenen Menschen ausgehen. Wenn bei allen Menschen gleichermaßen Materie nur Ursache und Geist nur Wirkung ist, wird man nicht von einem wesentlichen Unterschied zwischen Mensch und Mensch in Bezug auf die Art und Weise, wie Gehirn und Denken zueinander stehen, sprechen können. Den Naturkräften gegenüber gelten dann alle Menschen als gleichermaßen unfrei.

Wolf Singer schreibt gleich zu Beginn seines Aufsatzes: «Alles Wissen, über das ein Gehirn verfügt, residiert in seiner funktionellen Architektur, in der spezifischen Verschaltung der vielen Milliarden Nervenzellen. Aufgrund evolutionärer Anpassung sind Gehirne daraufhin ausgelegt, fortwährend nach den je optimalen Verhaltensoptionen zu suchen.» Um diese mit unhinterfragten Annahmen gespickten Behauptungen zu hinterfragen, stelle man sich folgenden Fall vor: Jemand ist zum Einkaufen kaum aus dem Haus gegangen, als er sich plötzlich daran erinnert, dass er einen dringenden Telefonanruf erledigen muss, und er kehrt auf der Stelle um. Man fasse den blitzartigen Augenblick seiner Umkehr genau ins

Auge: Er bewegt sich zunächst in die eine Richtung und eine Zehntelsekunde später in die entgegengesetzte. Was genau hat die Umkehr verursacht? Nehmen wir an, die Ursache – und nicht nur die notwendige Bedingung – der Bewegung in die erste Richtung sei dasjenige, was Wolf Singer die «funktionale Architektur des Gehirns», die «spezifische Verschaltung der vielen Milliarden Nervenzellen» nennt. Die Frage ist: Wenn die biologische und charakterologische Anlage dieses Menschen in ihrer Gesamtheit die «funktionale Architektur des Gehirns» in diesem Augenblick mit Notwendigkeit bestimmt, sich in die eine Richtung auf das eine Ziel hin zu bewegen, wie kann dieselbe Anlage in Blitzesschnelle – ohne dass sie die Möglichkeit gehabt hat, sich auch nur im Geringsten zu verändern – die gegenteilige Bewegung auf ein ganz anderes Ziel hin verursachen oder bewirken. Wie kann eine unveränderte Ursache unmittelbar nacheinander die eine und die entgegengesetzte Wirkung hervorbringen? Im *Augenblick* der Umkehr hat sich in der «funktionalen Architektur» des Gehirns doch nichts geändert! Wie kann eine «funktionale Architektur», welche die Absicht des Einkaufens «bewirkt», schlagartig, ohne sich im Mindesten ändern zu können, die völlig andere Absicht des Telefonierens «verursachen»?

An einem solchen Beispiel kann man sehen: Die bloße Summe aller genetischen oder biologischen Faktoren kann sich nicht von selbst zu dem machen, was sie nicht ist, zu einer sinnvoll wirkenden Einheit, genauso wenig wie tausend Teile eines auseinandergenommenen Autos, die auf dem Boden nebeneinanderliegen, sich *von selbst* zu einer funktionierenden Einheit, zu einem fahrfähigen Auto zusammensetzen können. Auch beim Körper muss etwas ganz anderes dazukommen, um aus der unendlichen Vielfalt der biologischen Faktoren einen als Einheit wirkenden Organismus zu bilden. Nur dieses andere kann den Körper als einheitliches Werkzeug – als notwendige Bedingung – gebrauchen, um sich mal in die eine, mal in die andere Richtung zu bewegen, um mal die eine, mal die andere Handlung auszuführen. Die Instanz, die dazukommen muss, um sich des Körpers als Einheit zu bedienen, muss die entgegengesetzten Eigenschaften alles Materiellen besitzen: Sie muss Gedanken denken, Entscheidungen treffen, Handlungen ausführen können. Sie wurde seit eh und je «Geist» genannt. Es wurde immer behauptet: Der Mensch ist ein aus dem Denken handelnder Geist. Der Magen mag für sich Urheber der Verdauung sein; die Lunge mag von sich aus die Atmung zustande bringen. Aber Magen und Lunge können sich nicht von selbst mit den anderen Organen zusammentun und als Einheit mit dem gemeinsamen Ziel wirken, einen Einkauf zustande zu bringen. Wenn es das Gehirn wäre, das aus Magen und Lunge eine Einheit macht, um den Einkauf zu erledigen, dann müsste eine unendliche, zusammenhanglose Vielfalt von neuronalen Vorgängen plötzlich ganz entgegengesetzt ihrer vermittelnden Werkzeug-Natur anfangen, als sinnvolle und zusammenhängende Einheit zu wirken.

Die Flucht ins Undurchschaubare:
der Fluch der Wissenschaft

Mancher Naturwissenschaftler wird behaupten, dass die Erinnerung daran, dringend telefonieren zu müssen, nicht weniger von der äußerst komplizierten neuronalen Anlage des Betreffenden hervorgebracht wird. Er wird einwenden, dass wir nicht wissen können, wie die biologische Grundlage dazu kommt, in diesem Moment bei diesem Menschen gerade diese Wirkung – den Gedanken: Ich muss dringend telefonieren – hervorzurufen. Er wird zu bedenken geben, die organische Grundlage des Menschen sei zu kompliziert, man könne in den Einzelheiten niemals wissen, wie sie in einem gegebenen Augenblick funktioniert. Derselbe Wissenschaftler, der nur zuverlässige und objektiv nachvollziehbare Naturgesetze gelten lässt, wird da plötzlich zum «Gläubigen» an den reinen Zufall. Ist ein menschlicher Organismus einmal da, dann funktioniert dieser nach Naturgesetzen, die der Naturwissenschaftler im Einzelnen nachweisen kann. *Dass* irgendwann Milliarden von Molekülen, von Zellen oder Genen sich zu einem einheitlichen Organismus zusammengetan haben, ist nach den von ihm anerkannten Naturgesetzen nicht nur höchst unwahrscheinlich, sondern so gut wie unmöglich: ein absolutes Wunder, noch wundersamer als alle Wunder, an denen der religiös Gläubige festhält. Dieser Widerspruch kann nur entstehen, wenn der Wissenschaftler seiner Weltanschauung die bewusste oder unbewusste Entscheidung zugrunde legt: Was ich sinnlich wahrnehme, ist

Wirklichkeit, was ich nicht sinnlich wahrnehme, ist keine Wirklichkeit. Gerade diese grundsätzliche Entscheidung zwingt ihn dazu, die Haltung des reinen «Glaubens» überall dort in die Wissenschaft einzuführen, wo er meint, aufgrund der Komplexität der Phänomene keine befriedigende Erklärung finden zu können. Was eine frühere Menschheit «Geist» genannt hat, nennt er «undurchschaubare Komplexität der Materie». Wo Materie die höchste Stufe der Komplexität erlangt, so meint er, bringt sie eben Bewusstsein hervor und wird dadurch völlig undurchschaubar. Manche warten nur darauf, dass auch Computer komplex genug werden, um ebenfalls Bewusstsein hervorzubringen. Was sind aber «Geist» und «komplexe Materie» genauer besehen? Es sind zwei Begriffe, von denen der zweite inhaltlich viel ärmer ist als der erste.

Die moderne Naturwissenschaft hat sich in ihrer Forschung auf den Bereich des sinnlich Wahrnehmbaren beschränkt. Diese Beschränkung hat ihre Berechtigung, zumal sie hervorragende Leistungen zustande gebracht hat. Wie wäre es aber, wenn im Bereich des Materiellen lediglich Wirkungen auftreten würden, die nur erklärt werden könnten, wenn man die nicht sinnlich wahrnehmbaren Ursachen dazunimmt? Das sinnlich Wahrnehmbare wirkt nach berechenbaren Naturgesetzen und -kräften. Für den *Geist* ist alles Materielle *notwendige Bedingung,* dessen er sich bedient, um ganz eigene Ziele zu verfolgen. Der Materialismus spricht dem Geist aus dem Grunde jede Wirklichkeit ab, weil er nicht nach wahrnehmbaren, äußerlich feststellbaren und dauerhaften Eigenschaften wirkt, sondern «blitzartig», völlig unberechenbar, mit äußerster Anpassungsfähigkeit, was die Handhabung seines biologischen Werkzeugs, seines Körpers, betrifft. Jemand sitzt am Steuer und fährt je nach Verkehrslage mal schneller, mal langsamer, stoppt vor einer Ampel, passt sich den Bewegungen aller anderen Autos an. Dabei bleibt seine körperliche Konstitution und die Mischung seiner Gene dieselbe. Wenn man die Nervenzellen als Urheber der vielfältigsten, oft einander entgegengesetzten «Entscheidungen» beim Autofahren betrachtet, dann muss man einem materiellen Element eine Art von «Freiheit» zuschreiben, die alle Gesetze der Naturnotwendigkeit überschreitet, sie ganz außer Kraft setzt. Nervenzellen müssten in diesem Fall gleichzeitig nach den Gesetzen der Notwendigkeit in der Materie und als völlig freier Geist wirken. Dass dies eine Unmöglichkeit ist, kann allerdings kein Mensch einem anderen «beweisen». Es handelt sich um eine denkende «Einsicht»: Jeder kann sie nur für sich gewinnen. Nicht anders ist es mit der Gültigkeit des pythagoreischen Lehrsatzes: Es nützt mir nichts, dass ein anderer ihn verstanden hat, soweit ich ihn noch nicht selber verstehen kann. Das Verstehen ist nicht übertragbar, es stellt die absolute Grenze des bloß abstrakten oder intellektuellen Beweisens dar. Jede Einsicht ist eine Erfahrung und Erfahrungen muss jeder selber machen, sie können unmöglich dem «bewiesen» werden, der die Erfahrungen nicht hat. Keiner wird je einem anderen beweisen können, dass Bäume existieren, sie müssen von ihm selbst erfahren, erlebt werden. Für einen Menschen, der niemals Bäume gesehen hat, existieren sie nicht in der Wirklichkeit. Dasselbe gilt für den «Geist»: Wenn der Geist eine Wirklichkeit ist, dann kann seine Existenz genauso wenig bewiesen werden wie die Existenz von Bäumen. Wenn es einen Menschen geben könnte, der niemals «Geist» erfahren hat, würde es den Geist für ihn in der Wirklichkeit nicht geben. Keiner könnte ihm beweisen, dass der Geist eine Wirklichkeit ist. Wenn dagegen jeder Mensch, wenn auch unbewusst, die Erfahrung der Wirklichkeit des Geistes macht, dann geht es nur darum, ihn auf seine noch unbewusste Erfahrung hinzuweisen: Er kann durch sie das eigene Erleben besser deuten, sich mehr bewusst machen, was er in der Wirklichkeit erfährt. Aber dieses Hinweisen auf die Erfahrung des Geistes, die jeder Mensch macht, ist alles andere als ein bloß theoretisches Beweisen. Was will man zum Beispiel damit sagen, wenn man behauptet: Es ist bewiesen worden, dass auf dem Mars Wasser vorhanden ist? Mit diesem «Beweisen» kann nur gemeint sein, dass irgendjemand festgestellt oder wahrgenommen hat, dass gewisse Messgeräte – ähnlich wie auf der Erde in der Nähe von Wasser – reagiert haben. Aber diese «Ähnlichkeit» ist wiederum Sache der Deutung, der denkenden Interpretation. Eine Ähnlichkeit ist eine Art der Beziehung zwischen zwei Phänomenen. Sie kann niemals bloß wahrgenommen oder von anderen bewiesen werden: Jeder muss sie selbsttätig denken, so wie jede andere Art von Beziehung zwischen Erscheinungen.

Das Einzige, was für einen konsequenten Materialisten alle Eigenschaften des freischaffenden Geistes besitzt, ist der so genannte «Urknall», der aus dem Nichts in einem einzigen Augenblick die gesamte Materie des Universums hervorgebracht haben soll. Er ist das Urphänomen dessen, was der Gläubige ein von geistigen Wesen vollbrachtes «Wunder» nennt. Als Ursprungswunder soll der Urknall nach dem materialistisch Denkenden nicht nur alle Materie hervorgebracht, sondern diese zugleich mit allen Naturgesetzen ausgestattet haben, bei deren Wirken kein weiteres «Wunder» mehr stattfinden darf, in denen es nur naturnotwendige Komplexität geben soll – sei sie für den Menschen durchschaubar oder nicht.

Der Gedanke:
ein geistiger Urknall

Wenn nur das sinnlich Wahrnehmbare als Wirklichkeit anerkannt wird, kann alles, was in der sichtbaren Welt geschieht, nur als Wirkung einer im Raum wahrnehmbaren und in der Zeit vorangehenden Ursache gelten. Wunder kann es nicht geben, weil ein Wunder einer Wirkung ohne Ursache gleichkäme. Dabei vollbringt jeder Naturwissenschaftler selbst in seinem Denken auf Schritt und Tritt «Wunder», nämlich jedes Mal, wenn er denkt oder etwas will. Wenn er seiner Freundin mit dem Kauf eines Blumenstraußes eine Freude machen will, so ist diese Absicht *ein Gedanke,* nichts sinnlich Wahrzunehmendes. Dieser Gedanke enthält etwas Zukünftiges, noch nicht äußerlich Wahrnehmbares, er wirkt nicht aus der Vergangenheit, sondern sozusagen aus der Zukunft heraus. Der Gedanke ist die eigentliche Ursache der

Kaufhandlung, die biologische Konstitution des Käufers, seine physische Organisation ist lediglich die notwendige Bedingung dazu. Nehmen wir an, auf dem Weg zum Blumenladen kündigt ihm seine Freundin über das Mobiltelefon kurz und bündig die Beziehung. Was genau ist jetzt die Ursache dafür, dass er beschließt, den Blumenstrauß nicht zu kaufen? Was genau bewirkt in ihm eine Willensänderung? Sicherlich nicht die «Verschaltung der Milliarden Nervenzellen», denn die Zellen können nicht «verstehen», dass die Freundin keine Freundin mehr ist. Allein der denkende Mensch kann das. Dass der Gedanke «die Freundschaft ist zu Ende» alles Mögliche in der körperlichen Konstitution bewirken kann – zum Beispiel das Umkehren der Bewegungsrichtung –, leuchtet unmittelbar ein. Aber das bestätigt nur die Tatsache, dass die Ursache dessen, was im Körper vor sich geht, immer etwas ist, was im Denken geschieht, nicht umgekehrt. Der Körper kann nur auf dem Umweg des Denkens – indirekt – eine Einwirkung auf den Geist ausüben. So, wie wenn jemand zu dick geworden ist und *denkt,* er müsse eine Diät halten. Keine materielle Wirklichkeit kann von sich aus einen Willensentschluss hervorbringen. Jeder Gedanke ist ein geistiger Vollzug, der unmöglich von einer materiellen Grundlage, und sei sie noch so kompliziert, hervorgebracht oder «gedacht» werden kann. Die Materie «denkt» nicht. Wenn sie es täte, wäre sie plötzlich das der Materie polar Entgegengesetzte, sie wäre eben «Geist». Man darf auch nicht sagen, der Hunger könne im oben erwähnten Fall die Ursache des Einkaufs sein. Der Hunger mag zu den notwendigen Bedingungen eines Einkaufs gehören,

Ursache ist er auf keinen Fall. Denn auch wenn der Hunger unseres Ein-käufers ganz unerträglich wäre und sein Kühlschrank ganz leer, könnte er jemand anders bitten, ihm den Einkauf zu besorgen. Die Überlegung, wer den notwendig gewordenen Einkauf machen soll, ist wiederum Sache des Denkens, des überlegenden Geistes, nicht der Gene. Keine «Verschaltung von Nervenzellen» wird von sich aus die Entscheidung «bewirken» können, wer den Einkauf besorgen soll.

Man stelle sich vor, ein Redner äußert vor vielen Zuhörern den folgen-den Gedanken: «Sehr verehrte Anwesende, auf unsere so wichtige Veran-staltung im Stadion nächsten Sonntag werden wir auf keinen Fall verzich-ten. Wenn es am Vormittag regnet, wird sie nachmittags stattfinden, und wenn am Nachmittag schlechtes Wetter ist, dann findet sie eben vormittags statt.» Die meisten Zuhörer brächen in Gelächter aus. Der Naturwissen-schaftler müsste sich fragen: Wie können die unterschiedlichsten «spezi-fischen Verschaltungen der vielen Milliarden Nervenzellen» (Wolf Singer) bei all den Zuhörern den ganz gleichen Gedanken «hervorbringen», dass der Redner nämlich eine Dummheit von sich gegeben hat? Und wenn es Zuhörer gibt, die nicht lachen oder die sogar darüber empört sind, dass über eine so ernste Angelegenheit gelacht wird, wird auch ihre gleiche Em-pörung von der ganz unterschiedlichen Mischung ihrer Gene «verursacht»? Wenn ich mich beim Anrufen eines Freundes verwähle und sich am ande-ren Ende eine mir ganz fremde Stimme meldet – was bewirkt in mir die zwei Vorgänge, dass ich meinen Irrtum bemerke und ihn berichtige? Ist

18

es eine «spezifische Verschaltung meiner vielen Milliarden Nervenzellen», welche die Einsicht hervorbringt: «Ich habe mich verwählt»? Wenn ja, warum sagen nicht die Nervenzellen ehrlicherweise: «*Wir* haben uns verwählt»? Und wie kommt der Mensch am anderen Ende der Leitung, obwohl er eine ganz andere «spezifische Verschaltung» der Nervenzellen in sich hat als ich, zu dem gleichen Gedanken, indem er mir sagt: «Sie haben sich verwählt!»? Wie kommt überhaupt bei unterschiedlichster Körperanlage eine Verständigung unter Menschen, eine Übereinstimmung zustande?

Das Ende der Berechenbarkeit:
die Freiheit als größter Zufall

Man kann den Geist in seiner ursprünglichen Wirksamkeit nicht nur deshalb leicht übersehen, weil er «unsichtbar» ist, sondern auch, weil er völlig unberechenbar, ganz unverfügbar bleibt, wendig und einfallsreich in allen Lebenslagen. In seinem Schaffen wirkt er nicht not-wendig, sondern «frei-wendig». Wenn jemand mit seinem Hund wandern geht und neben einem Baum einen anderen, gefährlichen Hund sieht, so weiß er durch sein Denken mit augenblicklicher Gewissheit: Der Baum wird nicht umhin können, still zu bleiben, der Hund kann sich aber bewegen und ist unberechenbar. Der Mensch überlegt verschiedene Möglichkeiten, der Gefahr zu entkommen. Sein Hund kann hingegen nicht denken und wird lediglich vom Instinkt – von der Verschaltung seiner Gene – geleitet. Er kann nicht verschiedene Möglichkeiten des Verhaltens gegeneinander abwägen, um die passende zu wählen. Der Mensch übersieht leicht sein Denken, weil er es – im Gegensatz zu allen anderen Dingen, die ohne ihn zustande kommen – *selbst hervorbringt:* Und er tut dies mit einer solchen Selbstverständlichkeit und Treffsicherheit, dass er dabei in Selbstvergessenheit gerät wie ein Musiker, der so restlos in der Musik aufgeht, dass er *sich* ganz vergisst. In aller echt künstlerischen Tätigkeit kommt der Mensch dem schaffenden Geist am nächsten, da kann er sich am besten als schöpferischen Geist erleben.

Die naturwissenschaftliche «Reduzierung» des Menschen auf das, was nur notwendige Bedingung für sein Wirken ist, nämlich auf seine biologische Anlage, entspricht der Reduzierung, die Immanuel Kant in Bezug auf die Moral vollzogen hat. Seine allgemeingültigen «Maximen des Handelns» sind für die Einmaligkeit jedes Individuums lediglich die notwendigen Bedingungen, sie dienen ihm dazu, sein Einzigartiges hervorzubringen, das er der Menschheit als jene Bereicherung zu schenken hat, die sie nur durch ihn bekommen kann. Wenn aber Kant vom Individuum verlangt, es solle immer nur so handeln, dass die Maxime seines Handelns zugleich für jeden anderen Menschen gültig sei, dann verlangt er die Unterdrückung von allem, was in jedem Menschen individuell ist, er reduziert die Moral auf ihre notwendige Bedingung. Das Wesen der Moral ist das freie und einmalige Individuum: Nur die Beachtung des für alle gültigen Gesetzes, die als notwendige Bedingung für die Erfahrung der individuellen Freiheit gilt und die folglich nur freiwillig, aus dem Wollen und nicht aus dem bloßen Sollen heraus erfolgen kann, ist moralisch gut. Das Wesen des moralisch Guten ist die Herausentwicklung eines sich immer weiter individualisierenden Geistes durch jeden einzelnen Menschen, das Wesen des Bösen ist die Unterdrückung des individuellen Menschengeistes.

Es liegt auf der Hand, dass es bei einer konsequenten Verneinung der Freiheit unwissenschaftlich und geradezu heuchlerisch erscheint, noch von Moral oder Ethik zu reden. Wenn nicht der Mensch, sondern die Mischung der Gene seine Gedanken und Handlungen bestimmt, kann man den Menschen nicht weiterhin als moralisch zurechnungsfähig, als für seine Taten verantwortlich ansehen. Man müsste Worte wie «Mensch», «Seele», «Geist» oder «Ich» als leere Worthülsen ohne jede Realität betrachten. Solche Worte müsste man ehrlicherweise aus dem Sprachgebrauch verbannen. Wie würde ein Naturwissenschaftler reagieren, wenn ihm jemand eine Ohrfeige verabreicht mit der Erklärung: «Ich habe mit der Ohrfeige nichts zu tun. Ich bin nicht derjenige, der dir eine Ohrfeige gegeben hat, meine biologische Anlage hat das getan. Wenn du mich dafür verantwortlich hältst, bist du völlig unwissenschaftlich, denn deiner Auffassung nach ist das Ich eine bloße Illusion, nicht weniger als die sogenannte Freiheit.» Der Naturwissenschaftler könnte ihm vielleicht erwidern: «Auch du hast keinen Grund, dich wegen meines Ärgers zu ärgern, weil mein Ärger genauso von meiner biologischen Anlage verursacht wird wie deine Ohrfeige.» Und der andere könnte wiederum antworten: «Dasselbe gilt für meinen Ärger über deinen Ärger.»

Eine ältere Menschheit ging von der Voraussetzung aus, dass der Geist die ursprüngliche schöpferische Wirklichkeit sowohl in der Welt als auch im Menschen darstellt. Die Wechselwirkung von Geist und Körper, von «Musiker» und «Instrument», ist in fortwährender Entwicklung begriffen: Sie war in älteren Zeiten anders als heute und wird in der Zukunft wiederum andere Formen annehmen. Auf der jetzigen Stufe der Entwicklung wirkt der Körper auf die Seele im Allgemeinen am stärksten ein, folglich ist die Kraft des Geistes, auf den Körper einzuwirken, am geringsten. Sinn dieser Entwicklung ist es, dem einzelnen Menschen zunehmend seine Individualisierung, seine Freiheit und Selbstbestimmung zu ermöglichen. Denn gerade wenn die Einwirkung von Naturkräften am stärksten ist, hat der Mensch die Möglichkeit, durch ihre Überwindung die eigenen Kräfte entsprechend zu stärken. Der individuelle Geist kann nur dadurch immer stärker und individueller werden, dass er die Naturkräfte einzigartig und immer entschiedener überwindet. Um diese Überwindung aber zu ermöglichen, mussten die Kräfte der Natur erst ihre volle Stärke erlangen.

Die Wiederentdeckung des Menschen: einzigartig und frei

Es stimmt einfach nicht, dass die Kräfte der Natur oder die Mischung der Gene bei allen Menschen gleichermaßen uneingeschränkt die Welt der Gedanken und der Gefühle bestimmen. Bei genauerer Betrachtung kann man von Mensch zu Mensch beachtliche Unterschiede feststellen, was die Macht oder Ohnmacht der Physis gegenüber angeht. Freiheit wäre in der Tat eine Illusion, wenn die Menschen keine Möglichkeit hätten, jeder auf seine ganz individuelle Art und Weise, mit allen Notwendigkeiten der Natur umzugehen, den eigenen Körper mit eingeschlossen. Von Freiheit zu reden hat nur einen Sinn, wenn jeder Mensch zu den Notwendigkeiten der Natur etwas ganz Individuelles, Eigenständiges, *hinzufügen* kann. Nur diese Freiheit kann dafür sorgen, dass es der eine mehr, der andere weniger tut. Das Freiheitliche, das Individuelle, *muss* nicht hervorgebracht, muss nicht verwirklicht werden, es erlaubt vielmehr alle möglichen Abstufungen in der Intensität, alle möglichen Schöpfungen in Bezug auf den Inhalt. Erst durch diese ins Unendliche gehende Differenzierung individualisieren sich die Menschen wahrhaftig, nur dadurch bringt jeder seine ganz einmalige Prägung hervor. Die Gleichheit der Würde aller Menschen besteht also nicht darin, dass sie alle gleich unfrei oder determiniert sind, sondern darin, dass sie alle gleich zu einer zunehmenden Freiheit berufen sind, alle in gleichem Maße das Vermögen der Freiheit in sich tragen.

Jeder Mensch steht vor der Wahl, seinen Geist von seinem Körper immer abhängiger werden zu lassen, oder aber durch Arbeit am eigenen Denken und an der eigenen Seele seinem Denken und seiner Seele immer mehr Verfügungskraft über alles Leibliche zu verleihen. Aus der Tatsache, dass heute viele Menschen weitgehend versäumen, ihre Freiheit im Sinne einer inneren Weiterentwicklung in Anspruch zu nehmen, folgt nicht, dass sie diese Freiheit nicht haben. Es liegt im Wesen der Freiheit, dass sie auch versäumbar sein muss. Der heutige Naturwissenschaftler mag im Zeitalter des Materialismus keinen Anlass finden, von der Freiheit des Menschen zu sprechen. Aber darf er daraus folgern, dass die Freiheit nicht möglich, dass sie eine Illusion ist? Aus der Tatsache, dass etwas nicht vorhanden ist, folgt nicht, dass es nicht möglich ist. Die Behauptung, Freiheit sei eine Illusion, sie sei prinzipiell nicht möglich, ist eine wissenschaftlich nicht zulässige Schlussfolgerung, weil es prinzipiell nicht möglich ist nachzuweisen, dass etwas nicht möglich ist. Dies gilt zum Beispiel für die Aussage im Titel des Artikels von Wolf Singer in der genannten FAZ-Ausgabe: «Keiner kann anders, als er ist» und noch mehr für den noch deutlicheren Untertitel «Verschaltungen legen uns fest: Wir sollten aufhören, von Freiheit zu reden».

Dein Volk ist nichts: Du bist alles!

Wenn alle Menschen aufhören «sollten», von Freiheit zu reden, dann kann dieses «Sollen» – ein neuartiges naturwissenschaftlich-moralisches Gebot! – nur den Sinn haben, die Menschen für die Zwecke irgendwelcher Macht gefügig zu machen. Der Mensch «soll» damit eingeschüchtert werden, er «soll» sich davon überzeugen: Du kannst in deinem Denken nicht schöpferisch sein, du kannst nicht selbstständig, erfindungsreich, unabhängig von deinen Genen deine Gedanken prägen; du kannst nicht frei wollen oder handeln. Wenn du immer noch von Geist oder von Freiheit redest, bist du ein naiver Dilettant, der geächtet, ja unschädlich gemacht werden «sollte». Wenn es eines Tages gelingt, durch die Errungenschaften der Gentechnik über die menschlichen Gene zu verfügen, dann «sollst» du nicht nur der Macht der Natur ausgeliefert sein, sondern vor allem der Übermacht des Menschen, der über die Natur des menschlichen Körpers verfügen kann. Wie dieses Verfügen aussehen «soll», wird die Macht der Vertreter der jeweiligen politischen Mehrheit entscheiden – wer sonst?

Wenn der Mensch nur dasjenige vollbringen kann, was seine biologische Konstitution in ihm mit Notwendigkeit bewirkt, dann kann es kein Gutes und kein Böses geben. Der Gesetzgeber hat nur zu entscheiden, welche Handlungen verboten sind und bestraft gehören. Aber gerade im Bereich des Moralischen zeigt die Verneinung der Freiheit am deutlichsten ihre Widersinnigkeit. Jemand geht zu einem Vortrag, weil er sich selber ein Urteil bilden möchte, ob der Redner glaubwürdig, ob er ehrlich ist in dem, was er sagt. Er hört ihm schon eine halbe Stunde zu und ist sich noch nicht sicher. Er merkt, wie kompliziert es ist, sich darüber ein Urteil zu bilden. Nach eineinhalb Stunden Vortrag geht er nach Hause, immer noch unentschieden. Wird auch diese Aufschiebung eines moralischen Urteils von seinen biologischen Gegebenheiten «verursacht»? Wenn es heißt, dass die Biologie eines Menschen ihn in jeder Situation, in jedem Augenblick und in allen Äußerungen seines Wesen mit Notwendigkeit bestimmt – weil sie selber niemals unbestimmt, sondern durchgängig bestimmt ist –, wie kann sie in solchen Fällen im Bestimmen versagen, wie kann sie, die alles notwendig bestimmt, selbst unbestimmt, «unentschlossen» bleiben?

Das Wort «Freiheit» bezieht sich nicht auf die Natur *im* Menschen, sondern auf die Natur *des* Menschen, die in einem Ineinanderwirken von Materie und Geist besteht. Als Naturwesen unterliegt der Mensch der Notwendigkeit, als Geistwesen kann er in Freiheit denken und handeln. Ob die Freiheit bei einem Menschen mehr oder weniger Spielraum bekommt, hängt ganz davon ab, inwieweit er sie in Anspruch nimmt, oder ob er es versäumt, sie zu üben. Das Schaffen in Freiheit hebt nicht das Naturnotwendige auf, sondern macht es zur notwendigen Bedingung, zum Werkzeug der Freiheit. Unfrei ist der Mensch, insoweit er sich von der Natur bestimmen lässt, frei ist er, insoweit er selber bestimmt, wozu er die Natur gebraucht, was er mit ihr und aus ihr macht. Es gehört zum Wesen des Menschen und seiner Freiheit, dass er wählen kann: Wenn er dem Naturnotwendigen nichts – oder fast nichts – Freiheitliches hinzufügt, dann wirken in ihm nur, oder fast nur die Gesetze und die Kräfte der Natur. Unfrei kann sich der Mensch nur dann fühlen, wenn er dort die Freiheit sucht, wo sie nicht vorhanden ist, das heißt in der Natur. Er ist nicht frei, mit seinen Armen zu fliegen oder ohne zu atmen zu leben. Töricht ist es, Freiheit dort zu suchen, wo sie nicht möglich ist, um vielleicht eine Ausrede dafür zu haben, sie nicht in Dingen zu üben, in denen sie möglich ist – wie zum Beispiel im Denken.

Ich halte es für genial, was Rudolf Steiner, der Begründer der modernen Geisteswissenschaft, in Bezug auf das Denken und das Wollen ausführt. Er sagt: Das Denken ist im Laufe der Entwicklung vom Gehirn immer abhängiger geworden, um der Freiheit des Menschen die Entwicklungsaufgabe zu geben, sein Denken vom Körper immer unabhängiger zu machen. Bei den Willenskräften ist es umgekehrt: Sie sind den Körperkräften gegenüber immer ohnmächtiger geworden, um der Freiheit des Menschen die entgegengesetzte Aufgabe zu geben, durch tägliche Übung immer kraftvoller mit seinem Willen in die Körperorgane einzutauchen, um alle seine Willensentschlüsse mittels des Körpers in tatkräftige Handlungen zu verwandeln. Wenn die Vorstellungen des heutigen Menschen nur Spiegelbilder sind und keine Wirklichkeit, kein Leben enthalten, so bedeutet das: Der Mensch bekommt gerade dadurch die Möglichkeit, selbst immer mehr Leben, immer mehr Wirklichkeit in sein Denken hineinzugießen. Und was den Willen betrifft: Wenn die körperlich bedingten Instinkte übermächtig kraften, wenn sie dem Menschen den eigenen unfreien «Willen» aufdrängen, hat er umso mehr Gelegenheit, mit seinem Denken den Willen zu erleuchten und ihn damit zu befreien. Er kann die Übermacht des Instinktes und des Triebes immer entschiedener besiegen. So wird in das Denken der freischaffende Wille hineingegossen, so wird in das Wollen das befreiende Licht des Denkens hineingestrahlt. Der Mensch weiß dann, was er will, und er will dasjenige, was er sich bewusst vornimmt.

Der Geist hebt nie ab:
Nur der Ungeist tut es

Eine Besonderheit der Geisteswissenschaft Rudolf Steiners liegt in der Tatsache, dass in ihr der «Geist» niemals getrennt von der Welt der Materie gesehen wird, sondern immer in seiner konkreten Wirksamkeit in den Steinen, in den Pflanzen, in den Tieren und in den Menschen. Nur so ist es möglich, auch die Materie überall als vom Geist durchdrungen anzuschauen. Man nehme als Beispiel seine Ausführungen zu den drei großen Idealen, die sich durch die gesamte Entwicklung der Menschheit hindurchziehen. Sie stehen mit den drei Systemen des Körpers in Zusammenhang: mit dem Stoffwechsel-Gliedmaßensystem, mit dem rhythmischen System und mit dem Nerven-Sinnessystem. Ein helles Licht wird da auf die östliche Yogakultur geworfen, auf das Ideal, die geistig-materiellen Geheimnisse des Stoffwechsels um eine Stufe zu erhöhen, indem man sie durch Atemübungen mit Bewusstsein durchdringt. Es wird Licht auf die Kultur der europäischen Mitte geworfen mit ihrem Ideal, alles Rhythmische im Kosmos und im Menschen – seine Atmung und Blutzirkulation sowie alle Zyklen der Evolution – auf eine höhere Stufe zu heben, auf die Stufe des Nerven-Sinnes-Systems, um es mit dem denkenden Bewusstsein zu durchdringen. Diese Entwicklung der Gedankenkräfte hat ihre drei Geistesgipfel in der griechischen Philosophie, in der mittelalterlichen Scholastik und im deutschen Idealismus erklommen. Und das Ideal des Westens? Im Ideal des

Westens will sich das Denken auch vom neuronalen System, vom Kopf befreien, will noch eine Stufe höher steigen und ganz leibfrei werden. Hier ist das Denken bestrebt, nicht nur die Spiegelbilder seiner Tätigkeit zu erleben, sondern zunehmend auch seine körperfreie Tätigkeit selbst. Der Mensch kann sich so immer klarer werden, dass er durch den Körper nur Spiegelbilder, keine Wirklichkeit erlebt, so wie beim Wegschauen vom Spiegel einem klar wird, dass die Wirklichkeit in dem liegt, was sich spiegelt, nicht im Spiegelbild. In der Abstraktion bleibt der Mensch auf Bilder fixiert – auf Vorstellungs- und Erinnerungsbilder –, ohne sie auf die Wirklichkeit, die sie abbilden, zurückzuführen. Und weil Bilder nichts bewirken können, erlebt sich der Mensch ihnen gegenüber als *ganz frei*. Er kann mit ihnen im eigenen Sinne schalten und walten. Er kann sich dem westlichen Ideal der Naturforschung und -beherrschung widmen, gerade weil seine Naturerkenntnis von jedem moralischen Anspruch frei geworden ist. Wenn er wiederum moralische Ideale anstreben will, wird er sie nur aus seinem individuellen Geist heraus neu gebären können. So ist der Sinn dieser jahrtausendelangen leiblich-seelischen Entwicklung des Menschengeistes, die sich kulturell vom Osten zum Westen hin bewegt, das zunehmende Erlangen der *individuellen Freiheit*. Solche Schlaglichter auf die menschliche Entwicklung sind nur möglich, wenn Geist und Materie in ihrem konkreten Ineinanderwirken betrachtet werden.

Der Grund, warum die herkömmliche Religion, das traditionelle Christentum, in eine Sackgasse geraten ist, liegt gerade darin, dass man sich zu lange mit einem Geist beschäftigt hat, der nirgendwo in die sichtbare Welt, in das tägliche Leben eingreift, dessen gepredigte Gebote im Alltag kaum wirksam werden. Entsprechend ist die Sackgasse, in die die moderne Naturwissenschaft und Technik geraten sind: Sie haben sich auf die Beherrschung der materiellen Welt beschränkt und dabei alles Geistige außer Acht gelassen. Durch die materialistische Ausklammerung des Geistes ist aber der Mensch selbst als in Freiheit schaffender Geist ausgeklammert worden, er ist so gut wie in Selbstvergessenheit geraten. Die Trennung von Materie und Geist, die sowohl die Religion als auch die Wissenschaft in den letzten Jahrhunderten gefördert haben, hat im modernen Menschen eine seelische Schizophrenie und in der Kultur eine tragische Spaltung hervorgebracht. Rudolf Steiner geht von einem durchgängigen Ineinandergreifen von Materie und Geist aus und schildert auf vielfältigste Weise das konkrete *Wie* ihrer Wechselwirkung. Denn der Geist wirkt ganz anders in der Materie beim Denken und beim Wollen des Menschen, ganz anders in einem Tier, in einer Pflanze oder in einem Stein. In diesem Sinn ist die Bezeichnung «Geisteswissenschaft» zu verstehen: als das Bestreben, die Wirksamkeit des Geistes in der Welt der Materie und die Rückwirkung der materiellen Welt auf Seele und Geist sowohl *natur-* wie auch *geisteswissenschaftlich* zu erforschen.

Das Gehirn denkt nicht:
Es spiegelt nur das Denken

Wenn Rudolf Steiner behauptet, die neuere Naturwissenschaft sei im Wesentlichen das Produkt eines gehirnabhängigen Denkens, so will er damit nicht sagen, dass das Denken als solches von neuronalen Vorgängen im Gehirn hervorgebracht wird, sondern dass die heutige Naturwissenschaft nur die Spiegelbilder im menschlichen Bewusstsein kennt, welche die Tätigkeit des Denkens durch ihre Spiegelung im Gehirn hervorbringt. Das Gehirn ist nicht der Urheber der Denktätigkeit, sondern des *Bewusstseins* davon, dass der Mensch denkend tätig ist. Denn das eine ist es, zu denken, ein anderes, ein Bewusstsein davon zu haben. Die schöpferische Tätigkeit des Denkens, des ichbegabten Geistes, kennt der heutige Mensch zunächst nicht, er kennt nur ihre Spiegelung im Bewusstsein. Der Sinn dieser Spiegelung ist, Selbst- oder Ichbewusstsein zu erlangen, sich des eigenen Wesens als denkender Geist bewusst zu werden. *Ich* und Ich-*Bewusstsein* stehen zueinander wie der Mensch vor dem Spiegel zu seinem Spiegelbild. Der Körper ist im realen Sinne des Wortes ein Spiegelungsapparat: Das Gehirn entwirft Spiegelbilder – Vorstellungs-, Erinnerungs- und Traumbilder –, welche auf eine sich spiegelnde Wirklichkeit schließen lassen. Nur so kann man auch den Bewusstseinsunterschied zwischen Wachen und Schlafen verstehen: Im Schlaf hebt das Ich die Verbindung mit dem Spiegelungsapparat, dem Gehirn, für einige Zeit auf. Der Mensch als denkender Geist besteht im

Schlaf weiter fort, hört aber auf, ein Bewusstsein von sich zu haben. Beim Aufwachen, beim Wiederherstellen der Verbindung mit dem biologischen Spiegelungsapparat, entzündet sich das Bewusstsein wieder, dass Bewusstsein davon, ein denkender Geist zu sein. Nicht anders, wenn ein Mensch vor dem Spiegel steht: Dieser wirft ihm sein eigenes Bild zurück und macht es ihm so bewusst. Wenn er vom Spiegel weggeht, entschwindet sein Spiegelbild, nicht aber er selbst.

Um Ichbewusstsein entwickeln zu können, baut sich der Menschengeist einen Körper auf und schafft sich damit einen geeigneten Spiegelungsapparat für sein Denken und ein Werkzeug für sein bewusstes Handeln. Das ist in der Evolution im Großen über lange Zeiträume hinweg geschehen und wiederholt sich in gedrängter Form in der Embryologie und der Kindheit jedes Menschenlebens. Hier wie dort kann es nur ein *denkender Menschengeist* sein, der sich ein zweckdienliches Werkzeug zum Erlangen seines Ich-*Bewusstseins,* des Bewusstseins seiner selbst als eines denkenden Geistes, aufbaut. Kein Affenorganismus kann sich von sich aus zu einem Menschenkörper «entwickeln»; genauso wenig wie sich ein Stein von selbst – ohne jegliche Kräfteeinwirkung von außen – zu einer Pflanze «entwickelt», denn deren Kräfte kann er nicht in sich haben, ohne schon Pflanze zu sein. Nur ein Menschen-Ich kann einen derartigen Körper aufbauen – und sei es durch weitere Bearbeitung eines schon bestehenden Affenorganismus – und durch diesen sich seines Ichs bewusst werden. Auch ein Spiegel muss erst als Spiegel gefertigt werden, bevor er spiegeln kann. Nicht das Denken wird also vom Gehirn hervorgebracht, sondern das Gehirn vom denkenden Menschengeist. Das Gehirn bringt die Spiegelbilder hervor, durch die der Mensch sich seiner denkenden Tätigkeit bewusst und somit ichbewusst wird. Von dem Zeitpunkt an, wo ein Mensch nicht nur denkender und handelnder Geist ist, sondern auch davon *weiß,* wird seine Weiterentwicklung zu seiner eigenen moralischen Verantwortung, weil er mit seinem Geist dank dem Bewusstsein zunehmend auf freie und individuelle Weise umgehen kann. Freiheit ist die *bewusst* vollzogene Eigenentwicklung des Menschen.

Erst durch die klare Unterscheidung zwischen der rein geistigen Tätigkeit des Denkens und ihrer gehirnbedingten Spiegelung im wachen Tagesbewusstsein wird es möglich, auch zwischen Wahrnehmung und Denken schärfer zu unterscheiden. Die Art und Weise, wie sich Gehirn und Denken gegenseitig bedingen, kann niemals beobachtet oder wahrgenommen, sondern – ganz unabhängig von jeder Wahrnehmung – nur «gedacht» werden. In welchem Verhältnis oder in welcher Beziehung zwei Wirklichkeiten zueinander stehen, ob das eine zum Beispiel Ursache und das andere Wirkung ist, lässt sich nie beobachten, es kann allein vom Denken entschieden werden. Auch die Natur der Wechselwirkung zwischen Gehirn und Denken kann nicht beobachtet werden, sie kann nur eine vom Denken hervorgebrachte, begriffliche *Deutung* dessen sein, was man wahrnimmt. Die Beobachtung kann vielleicht die Gleichzeitigkeit von neuronalen Vorgängen im Gehirn mit Gedanken- und Vorstellungsverbindungen feststellen. Wie aber zwei Tatsachenreihen ursächlich zueinander stehen, ist Sache des Verstandes, der denkerischen Auffassung; und diese wird nicht vom Menschen beobachtet oder vorgefunden, sondern tätig zustande gebracht. Umso weniger kann die Behauptung als Wahrnehmung gelten, dass die materiellen Vorgänge eine ursprüngliche Wirklichkeit darstellen, die nichtmateriellen hingegen lediglich eine abgeleitete. Auch diese Behauptung ist ein Gedanke *über* materielle Vorgänge, von dem man nie wird nachweisen können, dass er von den Vorgängen selbst «verursacht» wird.

Die Geschwindigkeit des Lichtes: «fast» so schnell wie der Gedanke

An der Grenze zwischen Biologie und Bewusstsein, zwischen Nervenstrukturen und Denken, wird der Mensch herausgefordert, dem sinnlich Wahrnehmbaren nicht das «zuzumuten», was es nicht kann: Urheber des Denkens zu sein. Eine ähnliche Schwelle erlebt der Physiker beim Übergang von der wägbaren Materie zum gewichtslosen Licht. Einstein hat in seiner allgemeinen Relativitätstheorie nachweisen können, dass beim Licht nur noch «relativ» von Bewegung oder Geschwindigkeit, von einem Durchmesser eines realen Raumes im Verlauf einer messbaren Zeit gesprochen werden kann. Weitergedacht kann dies nur bedeuten: Jenseits der Zeit gibt es nicht eine noch schneller laufende Zeit, sondern das der Zeit polar

Entgegengesetzte, was man seit je das «Zeitlose», das «Dauerhafte» oder das «Ewige» genannt hat; jenseits des Raumes kann es nicht ein abstraktes «Unendliches» geben, sondern das dem Raum polar Entgegengesetzte, das «Überräumliche» oder «Übersinnliche». Die erste Form, in der sich das Übersinnliche äußert, nennt Rudolf Steiner – im Einklang mit einer älteren Menschheit, die um die Wirklichkeit des Geistes noch wusste – den «Äther». Damit ist aber nicht die höchste Erscheinungsform der Materie gemeint, sondern umgekehrt die niedrigste Erscheinungsform des materiefreien Geistigen. Die Annahme des Äthers erschien Einstein deshalb zu Recht als unsinnig, weil sie zu seiner Zeit nur noch als dünnste Form der Materie verstanden werden konnte. Worte wie «Licht», «Leben», «Äther» deuteten in älteren Kulturen auf eine Wirklichkeit hin, die als zur Materie in polarer Beziehung stehend gesehen wurde. Es ist dasjenige, worauf im Grunde auch die Worte «Energie» oder «Antimaterie» hinweisen. Manche heutigen Physiker bestehen darauf, dass der Unterschied zwischen Materie und «Antimaterie» äußerst gering ist, dass wenn beide sich gegenseitig vernichten, nur «elektromagnetische Strahlung» übrig bleibt. Dabei wird nur eine Umbenennung vollzogen: Was eine ältere Menschheit «Antimaterie» nannte, nennt der heutige Physiker – der dieses Wort für eine besondere Art von Materie verwendet –, «elektromagnetische Strahlung». Mit Antimaterie war früher die wohlbekannte Wirklichkeit des Geistes gemeint. Der heutige Physiker wird es hingegen schwerer haben zu sagen, was seine elektromagnetische Strahlung in Wirklichkeit *ist*. Was in der modernen Physik ohne inhaltliche Bestimmung bleibt, von dem man nur weiß, dass es sich völlig «anders» verhält als alle Arten von Materie, diese erste Ebene des Übersinnlichen wird in der Geisteswissenschaft Rudolf Steiners in allen ihren Wirkungsformen erforscht.

Um an diese Schwelle zum Übersinnlichen denkend heranzukommen – die Schwelle zwischen Anorganischem und Lebendigem, zwischen sinnlichem und übersinnlichem Licht –, kann man die berühmteste Formel des zwanzigsten Jahrhunderts zugrunde legen, die Formel Einsteins:

$$E = mc^2$$

E steht für Energie, m für die Masse, für die Trägheit der Materie, das Gewicht, und c für die Lichtgeschwindigkeit. Diese beträgt 300.000 km pro Sekunde und c^2 entspricht 90 Milliarden Kilometer^2 pro Sekunde^2. Diese Lichtgeschwindigkeit ist so astronomisch hoch, dass sie unmöglich vom Menschen wahrgenommen oder erlebt werden kann. Sie kann nur auf der höchsten Stufe der Abstraktion «ausgedacht» werden. Auch ein noch so feines Messgerät macht nie die Geschwindigkeit selbst wahrnehmbar, sondern nur etwas, mit dem man durch das eigene Denken auf eine «Geschwindigkeit» meint schließen zu können. Ein junger Physikprofessor, der diese Seiten mit Bitte um Stellungnahme gelesen hat, schreibt diesbezüglich Folgendes: «Warum soll die Lichtgeschwindigkeit vom Menschen nicht wahrgenommen werden können? In ferner Zukunft können die Menschen vielleicht mit sehr hoher Geschwindigkeit reisen, zum Beispiel mit

99 Prozent der Lichtgeschwindigkeit.» Ich möchte dazu nur bemerken: Das kann nur unter der Bedingung möglich sein, dass der Mensch ganz aufhört Materie zu sein und selber in seiner Ganzheit zum reinen Licht wird. Reines Licht wird der Mensch zunächst im reinen, körperfreien Denken.

Für die reale Wahrnehmung des Menschen kommt die angenommene Bewegung oder Geschwindigkeit des Lichtes einer vollkommenen Ruhe gleich, denn etwas, was 300.000 Kilometer in einer Sekunde zurücklegt, befindet sich gleichzeitig – um es mehr als nur bildlich zu sagen – im Osten und im Westen des für den Menschen wahrnehmbaren Horizontes. Kein Wunder, dass die denkende Ein-*Sicht* in das Wesen, das sich als «Licht der Welt», als Gedankenorganismus unseres Kosmos bezeichnet hat, im Evangelium mit den Worten beschrieben wird: «Denn wie der Blitz aufblitzt und leuchtet von einem Ende des Himmels bis zum anderen, so wird der Menschensohn an seinem Tage sein.» (Lukas 17,24). Rudolf Steiner nennt jene Selbsterfahrung des Menschen, die auf der von ihm «imaginativ» genannten Entwicklungsstufe des Denkens möglich wird, das Schauen des Christus in der ätherischen Lichtwelt.

Auch der heutige Mathematiker findet es schwierig, die potenzierte Lichtgeschwindigkeit noch als reale Bewegung oder Geschwindigkeit gelten zu lassen. In der Formel Einsteins wird ja nicht nur die Zahl 300.000 potenziert, sondern auch die Kilometer und die Sekunden. Dadurch entsteht eine neue Einheit: m^2/s^2, die «Gray» oder «absorbierte

Strahlendosis» genannt wird. Was bedeutet das aber? Wenn man die Lichtgeschwindigkeit potenziert, um das Entsprechende der Energie zu bekommen, hört das Licht ganz auf, von einem Ort zum anderen zu «fliegen» und wird «absorbiert», was wiederum heißt: Das Licht als solches befindet sich jenseits jeder zeiträumlichen Bewegung. Es ist als reines Licht so weit davon entfernt, in der Welt von Raum und Zeit real wahrgenommen werden zu können wie eine unendliche Gerade, die sich in eine Richtung erstreckt und von der man mathematisch beweisen kann, dass sie von der anderen Seite zurückkehrt. Man braucht nur anzunehmen, dass der Raum, wie die Erde, «gekrümmt» ist und somit nicht unendlich, sondern endlich. Auf diese Weise wird der Raum zur abstrakten Idee der Zeitlosigkeit gemacht. Die genannte Gerade «bewegt» sich dann nicht von einem bestimmten Ort ausgehend und *im Verlaufe einer messbaren Zeit* in eine gewisse Richtung und kommt auch nicht *zeitlich später* von der anderen Seite zurück. Bei der Annahme, dass der Raum nicht unendlich, sondern endlich ist, muss jede unendliche Gerade einen Kreis bilden, ein vorgestelltes oder abstraktes Bild der Totalität des endlichen Raumes. Nichts anderes haben ältere Kulturen mit ihrem allerdings reicheren Begriff der «Sphäre» gemeint. Eine Sphäre kann als eine unendliche Zahl von Kreisen mit gleichem Durchmesser und einem gemeinsamen Mittelpunkt vorgestellt werden. Der heutige Begriff hierfür ist der der Kugel, bloß gilt die moderne Kugel als nur mit Materie gefüllt; die alte «Sphäre» war so gedacht, dass sie mit Lebenskräften, Seelenwesen und göttlichen

Geistern erfüllt war. Die «Gleichzeitigkeit» und «Allgegenwart» (Gleich-räumigkeit) des Lichtes, wovon hier die Rede ist, ist also nichts ande-res als die durch das menschliche Denken vollzogene Überwindung von Raum und Zeit. Indem der menschliche Geist anhand der sinnlichen Wahrnehmung durch das Denken den Begriff entzündet, kehrt er von der Welt des sichtbar gewordenen Lichtes zum rein geistigen Licht zurück. Der Begriff «Dreieck» leuchtet gleichzeitig in allen Geistern, die ihn den-ken, er leuchtet ihnen allen ein. Er ist überall «dort» gegenwärtig, wo er gedacht wird.

Das Licht als solches ist nicht sinnlich wahrnehmbar. Die *Naturwis-senschaft* greift zur Metapher der «Absorption» des Lichtes, wo es da-rum geht, den Übergang zwischen wahrnehmbarem und nicht wahrnehm-barem Licht zu kennzeichnen. Mit diesem Bild kann sie nur hinweisen auf jene *Grenze zum Übersinnlichen,* bis zu der die körperbedingte Ra-tionalität, welche die Gesetze einer zeiträumlichen Welt erfasst, reichen kann. Jenseits dieser Grenze werden aber alle jene Gesetze *außer Kraft gesetzt.* Auch Platon greift zum Bild, zum Mythos, überall dort, wo die gehirngebundene, zeiträumliche Rationalität an ihre Grenze stößt. Nur die voreingenommene Verneinung der Wirklichkeit des Geistes kann den Wissenschaftler daran hindern, auch den umgekehrten Weg bewusst zu beschreiten, den Weg vom übersinnlichen zum sichtbaren Licht. Auf diesem Wege kommt die *Geisteswissenschaft* der Naturwissenschaft ent-gegen: Sie zeigt, wie an der *Grenze vom Übersinnlichen zum Sinnlichen* alle Gesetze des Raumes und der Zeit erst *in Kraft gesetzt* werden. Nur das Überschauen der Doppelbewegung des Menschen zwischen der Erfahrung der Trägheit der Materie und der Erfahrung der Beschwingtheit des Geistes in ihrer polaren Ganzheit macht den fortwährend erfolgenden Übergang *von einem zum andern* verständlich, es macht die Bewegung des Menschen *in beide Richtungen* nachvollziehbar, sein Leben in beiden Welten verständlich. So wie das Licht gleichsam von unten nach oben durch «unendliche» Beschleunigung eine Geschwindigkeit erzeugt, die sowohl den Raum als auch die Zeit als reale Erlebnisse des Menschen aufhebt, so muss in «umgekehrter Richtung» das zunächst übersinnliche Licht des Geistes gleichsam in sich selbst zerbrechen, in sich selbst zurückkehren, um die «Trägheit» der sogenannten Materie zu erzeugen. Das Licht muss irgendwie in sich selbst «zerbersten», um sich im «Raum» für den verkörperten Menschengeist wahrnehmbar zu machen. Erst durch ein Zurückprallen, durch ein Zurück-geworfen-Werden des Lichtes in sich selbst kann dasjenige entstehen, was wir «wägbare Materie» nennen. So gesehen ist Materie wie kristallisiertes Licht, und Licht wie vergeistigte Materie.

Die Überwindung der Raum-Zeit-Konstante c kann man in der Formel Einsteins dadurch mathematisch ausdrücken, dass man c als Einheit der Wirklichkeit jenseits von Raum und Zeit nimmt – das ist die Intuition im Denken als «Einheit» einer geistigen Schöpfung. So kann man für alles Übersinnliche statt c^2, statt 300.000 km/s in der zweiten Potenz, eine einfache *1* schreiben, denn 1^2 ist *1*. Und die Formel würde jetzt heißen: Energie ist gleich Masse,

$$E = m.$$

Die Welt, in der wir leben, ermöglicht zwei einander entgegengesetzte Erlebnisweisen. Die Wirklichkeit wird vom Menschen abwechselnd als «Materie», als ponderable Masse, und als «Energie», als Lebens- oder Gedankenenergie erlebt – mal als schon vorhandene Wahrnehmung, mal als selbst entzündeter Begriff. Man braucht nur die sogenannte Lichtgeschwindigkeit mit der Geschwindigkeit eines «Gedankenblitzes» gleichzusetzen, der nicht mehr in einer zeiträumlichen Welt erfolgt, sondern in der Welt des Geistes. Wenn ich «Amerika» denke, bewegt sich mein Gedanke nicht in Raum und Zeit, um von dem Ort aus, wo ich bin, nach Amerika zu kommen, sondern ist im Nu, mit Lichtgeschwindigkeit und in Blitzesschnelle, in «Amerika». Wenn ich Dreieck denke, bin ich blitzartig selber in meinem Denken «Dreieck». Der Gedanke kann als das «Atom» des Geistes gesehen werden, und jeder Gedankenblitz setzt so gesehen in der Körperwelt die Energie einer «Kernspaltung» frei. Alle Gedanken, die ein Mensch in einem Leben denkt, bewirken den allmählichen Abbau seines Körpers, sie erwirken als Gesamtergebnis den Tod. Deshalb verlangt die Formel Einsteins, um das Entsprechende der «Energie» zu bekommen, eine «astronomisch» hohe Dynamisierung dessen, was in der Welt von Raum und Zeit der Trägheit der «Masse» unterliegt. So gesehen ist Materie nichts anderes als geballte Geisteskraft, geronnener Gedanke.

Vom Geld zum Geist:
von der Spekulation zum Denken

Auch im Sozialen, im Wirtschaftsleben, ist der heutige Mensch an eine äußerste Grenze gelangt, auch da wartet die Menschheit nur darauf, die Schwelle zum Geistigen hin zu überschreiten. Eine moderne Geisteswissenschaft macht darauf aufmerksam, dass in alten Zeiten geistige Wesen selbst durch «Eingeweihte» das Soziale geleitet haben, in späteren Zeiten die Priester als ihre Stellvertreter, später noch der ökonomische Typus Mensch, und in der letzten Zeit, nachdem der Bankier – immerhin noch ein Mensch – für kurze Zeit die führende Rolle innehatte, nur noch die unpersönliche Macht des Geldes die Welt regiert. Das Geld ist die äußerste Form der Abstraktion im Wirtschaftsleben, sein Wert hängt ganz vom Vertrauen, von den Gedanken der Menschen ab. Wenn die Menschen insgesamt mehr Vertrauen in den Dollar als in den Euro haben, steigt der Wert des Dollars – und umgekehrt. Millionen von Menschenschicksalen hängen zunehmend vom «Zufall» ab, der sich in der unvorhersehbaren «Volatilität» der Wechselkurse äußert. Die Volatilität der Währungen ist ihrerseits der Ausdruck der wild gewordenen Spekulation – des denkenden Menschengeistes –, einer Spekulation, die heute über ungeahnte technische Möglichkeiten verfügt, um Riesensummen von Geld in Blitzesschnelle, mit der Geschwindigkeit des spekulierenden Gedanken selbst!, ihren Besitzer «wechseln» zu lassen. Auch in diesem Bereich kann der Schritt nach vorne nur darin bestehen, dass von der Abstraktion des Geistes – vom Geld als einem Wust von irrealen, gespensterhaften Zahlen, die mit Lichtgeschwindigkeit um den Globus herumfliegen – der Weg zurück zur Wirklichkeit des Geistes gegangen wird: zum Menschen mit seinen individuellen Fähigkeiten und ganz konkreten Bedürfnissen, zum gegenseitigen Vertrauen und zur gegenseitigen Hilfe von Mensch zu Mensch. Das Geldvermögen eines Menschen kann man von einem Tag zum nächsten halbieren oder gar vernichten, nicht aber sein geistiges Vermögen, das, was er wirklich «vermag» – durch seine Begabungen, durch seine Lebenserfahrung. Geld hat der Mensch, Geist *ist* er, das Geld kann er jederzeit verlieren, sich selbst aber nie.

Diese Zeilen wollten nur eine Andeutung von dem geben, was eine Wissenschaft des Geistigen für die heutige Menschheit bedeuten kann. Die Geisteswissenschaft Rudolf Steiners stellt in der modernen Menschheit für alle Bereiche des Lebens den Entwicklungsweg des einzelnen Menschen dar, auf dem er die Wirklichkeit des Geistes wiedergewinnen kann. Sie zeigt Wege auf, die zur Überwindung des Materialismus führen können, jener inneren Armut, die unsägliches Leid über die heutige Menschheit gebracht hat. Sie übernimmt die Ergebnisse der Naturwissenschaft, insoweit sie den Menschen bis zur Grenze der zeiträumlichen Welt bringt – zur Grenze zwischen sichtbarem und geistigem Licht, zwischen Materie und Geist, zwischen Wahrnehmung und Denken –, und führt ihn von dort in die Wirklichkeit des Geistes hinein.

Pietro Archiati hat in verschiedenen Teilen der Welt gelebt: in Italien, Laos, den USA, Südafrika und Deutschland. Er hat die Menschheit in unterschiedlichen Völkern und Kulturen unmittelbar erlebt. Heute wirkt er unabhängig von jeder Art von Gruppierung oder Institution.

Seine Herkunft und Ausbildung sind vom Geist des Christentums geprägt worden. Sein Bestreben, den Glauben durch Erkenntnis zu vertiefen, hat ihn vor fast dreißig Jahren zur Entdeckung der Schriften Rudolf Steiners geführt, die ihm zur wichtigsten Inspirationsquelle wurden.

In seinen Büchern, Vorträgen und Seminaren setzt er sich für eine wissenschaftliche, jedem Menschen zugängliche Erforschung alles Nichtmateriellen ein. Nur eine Überwindung des Materialismus, so meint er, kann der Menschheit eine hoffnungsvolle Zukunftsperspektive eröffnen.